ANiMaliTOS AnimAlotEs

Maia F. Miret
Ilustraciones de Héctor Morales

el morralito

Diseño y producción gráfica
La Máquina del Tiempo ®

Agradecemos a los doctores Juan M. Vieira,
del Museo de Zoología de la Pontificia Universidad Católica
del Ecuador y Miguel Ángel Morón, del Instituto de Ecología, A. C.
de Xalapa, Veracruz, por su ayuda.

Primera edición: 2007

D. R. © Libros del escarabajo, S. A de C. V.
Textitlán 21-9, col. Santa Úrsula Xitla,
14420, México, D. F.
Tel. y fax: 55 75 49 89
www.librosdelescarabajo.com.mx
correo@librosdelescarabajo.com.mx
ISBN 970-5775-19-2

Impreso en México/*Made in Mexico*

Índice

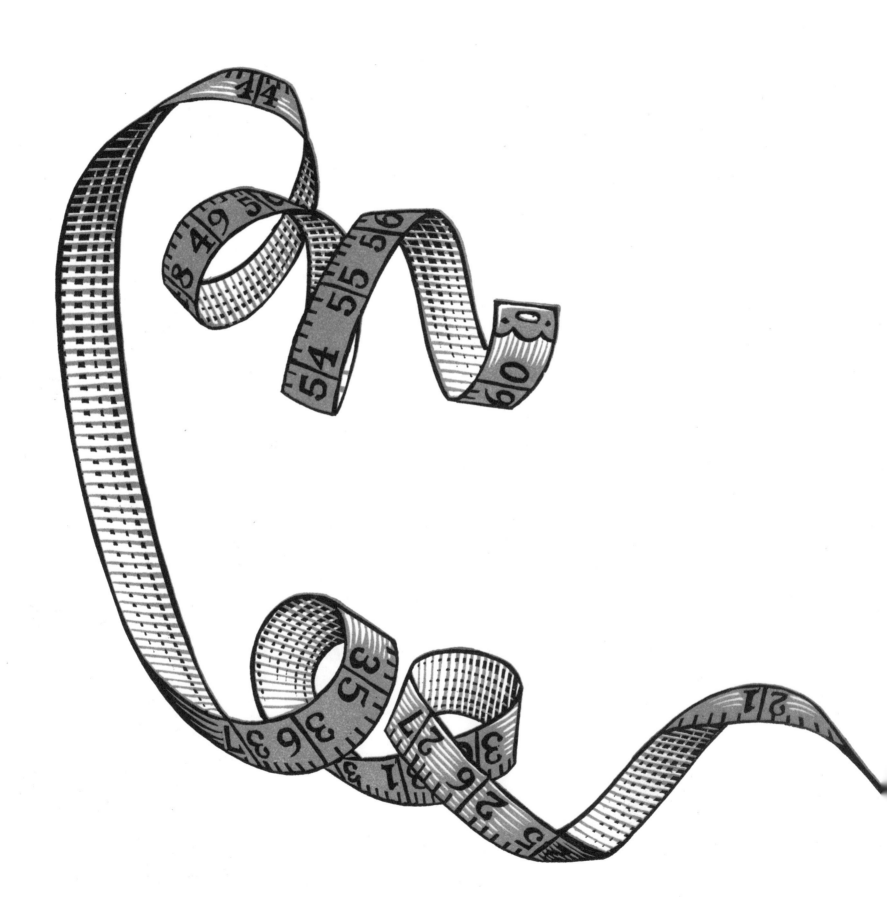

Presentación

En promedio, una persona mide tanto como una hilera de 566 hormigas. Una ballena jorobada mide más o menos lo mismo que 11 personas. Un tapir es tan largo como un jugador de básquetbol. Un tlacuache ratón entra cómodamente en una taza de café. Una mantarraya es tan grande como cuatro camas juntas. Y es que los animales vienen en todos los tamaños imaginables: desde algunos microscópicos hasta otros tan grandes que si te paras en una punta casi no puedes ver el final. Claro que no siempre es fácil comparar tamaños, pues muchos animales viven en el agua, o son muy peligrosos o muy difíciles de encontrar. Para eso tienes este libro: aquí verás, ordenados de chicos a grandes, 15 animales que viven en México. En cada página podrás ver al animal en su tamaño real, y también una ampliación o una reducción, para que observes en detalle qué aspecto tiene una hormiga, o mires a una ballena cara a cara —u ojo a ojo, en este caso—. Cada animal tiene un nombre común y uno científico (los biólogos le ponen un nombre especial, en latín, a todos los seres vivos que conocen, para que puedan identificarlo independientemente del país en el que vivan o d el idioma que hablen), y los textos explican cómo es, dónde vive y cuáles son sus hábitos. Así pues, ¡bienvenido a estas páginas! Ojalá disfrutes mucho a estos animalitos y animalotes.

Hormiga arriera o legionaria

Eciton burchelli

Las hormigas arrieras o legionarias pueden medir desde 3 hasta 12 milímetros. Son negras, con mandíbulas en forma de pinza, patas muy largas y un filoso aguijón. Tienen ojos diminutos, y son casi ciegas. Les gustan los climas muy húmedos y calientes, desde México hasta América del Sur. Como todas las hormigas, viven en grandes grupos, llamados colonias, que pueden tener entre 100 mil y 2 millones de individuos. En cada colonia hay una reina, que es un poco más grande que las otras hormigas; ella es la encargada de poner los huevos para que la colonia siga funcionando. También hay hormigas obreras, que son la mayoría, y hormigas soldado, mucho más grandes y feroces. Cuando las larvas están en desarrollo la colonia cambia todas las noches de lugar, pues debe encontrar mucho alimento para darles de comer. Una vez que las larvas se convierten en pupas, durante la metamorfosis, la colonia se estaciona en un mismo lugar durante dos semanas. En cuanto las nuevas hormigas adultas salen de sus capullos la colonia vuelve a ser nómada. Las hormigas arrieras son carnívoras y cazan todo tipo de insectos, así como tarántulas, escorpiones e incluso serpientes y pájaros. Salen a cazar al alba, formando una impresionante columna que puede alcanzar 200 metros de longitud, y atrapan todos los animales que encuentran a su paso.

[Tamaño real / escala 1:1]

LARVAS: En los animales que experimentan metamorfosis se llama así a los individuos que todavía no se convierten en adultos.

PUPAS: Etapa de la metamorfosis durante la cual las larvas se encierran en un capullo para desarrollarse.

METAMORFOSIS: Conjunto de transformaciones que sufren algunos animales, entre ellos muchos insectos, para llegar al estado adulto.

CAPULLO: Envoltura que se fabrican las larvas de algunos insectos para llevar a cabo la metamorfosis.

NÓMADAS: Se llama así a los animales y personas que no viven en un lúgar fijo y se desplazan permanentemente de un sitio a otro.

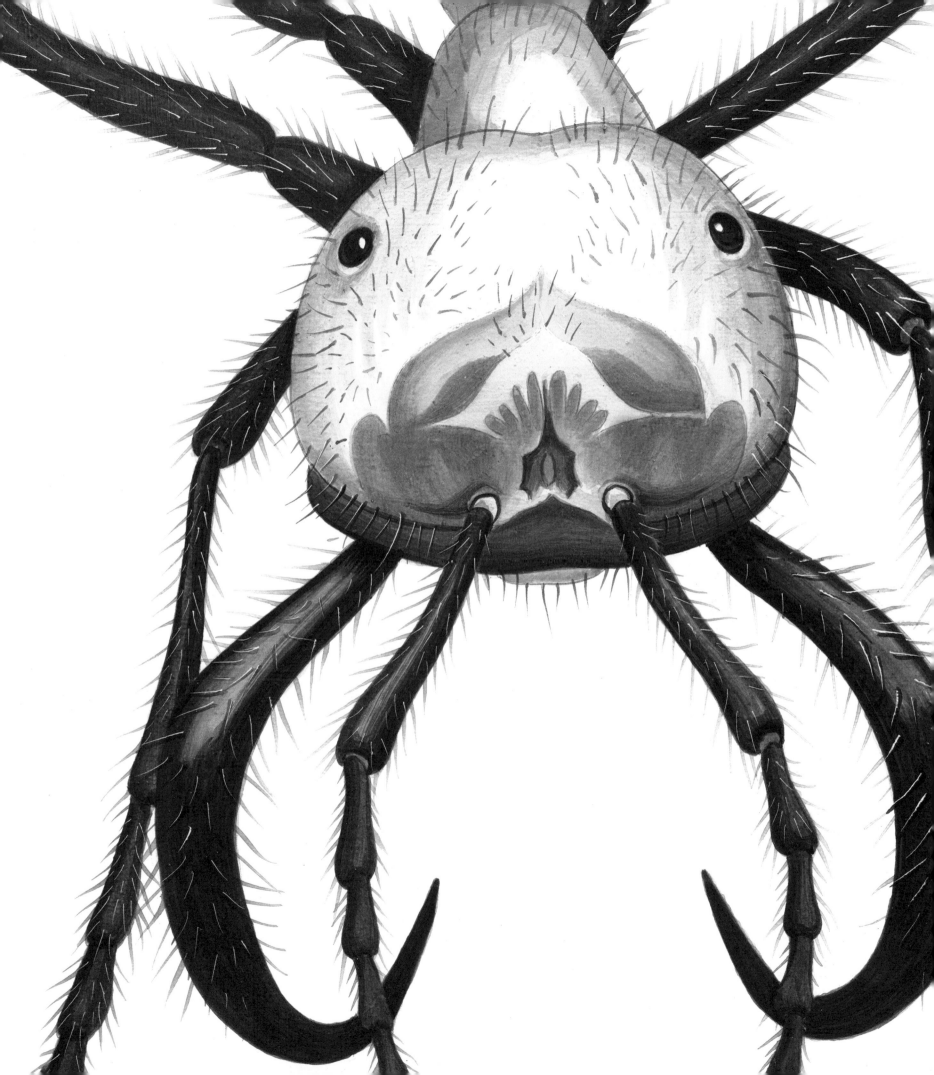

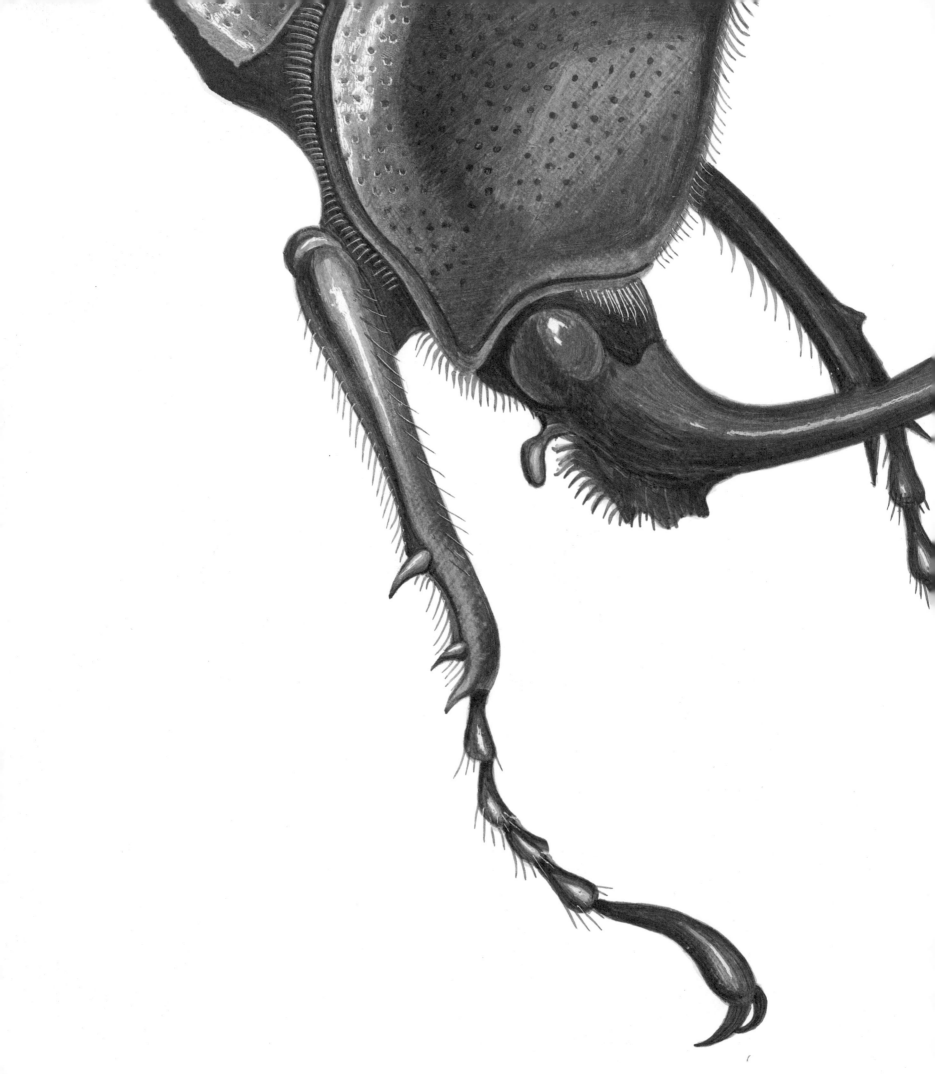

Escarabajo

Golofa pizarro

Estos escarabajos, que no tienen nombre común, miden entre 3 y 4 centímetros de largo. Los machos son de color pardo rojizo, y tienen en la cabeza un cuerno curvo que les sirve para pelear con otros machos. Las hembras son de color negro y no tienen cuerno. Viven en bosques húmedos desde Jalisco, en México, hasta Guatemala. Se alimentan de tallos y ramas de diversos árboles y arbustos. Cuando es temporada de reproducción los machos buscan un territorio con plantas que les gusten a las hembras y pelean con otros machos para protegerlo; los machos ganadores conquistan el mayor número de hembras. Éstas ponen sus huevos en troncos podridos; así, cuando nacen las larvas pueden alimentarse de la madera en descomposición. Las larvas son más grandes que los adultos: pueden medir hasta 8 centímetros cuando terminan de crecer, a los dos o tres años de edad. Cuando están listas se mudan bajo el tronco para hilar su capullo, y después de un mes nacen en forma adulta. Durante el día descansan sobre las ramas, y vuelan en la tarde y a veces durante la noche.

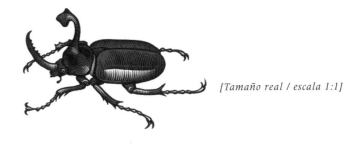

[Tamaño real / escala 1:1]

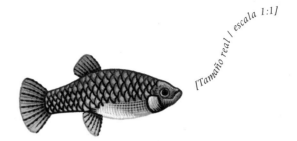

[Tamaño real | escala 1:1]

Guayacón
yucateco

Gambusia yucateca

Los machos de los guayacones yucatecos llegan a medir hasta 3.5 centímetros, y las hembras hasta 4.5. Pueden ser de diferentes colores, según el agua en la que vivan, pero generalmente son casi transparentes, con reflejos azules y amarillos, y la cabeza y el dorso verde oliva. Viven en los cenotes, manglares y otras fuentes de agua dulce en la península de Yucatán, en México. Son muy resistentes a las altas temperaturas y a la salinidad, y también pueden vivir en aguas pobres en oxígeno, como charcas poco profundas. Se alimentan de las raíces de las plantas acuáticas y de los insectos que caen al agua; también devoran las larvas de mosquitos que transmiten enfermedades a los humanos, lo cual los hace muy importantes para nosotros. Los guayacones son ovíparos, es decir, no depositan sus huevos en ningún lado, sino que las hembras los conservan dentro del vientre hasta el momento en que nacen los jóvenes peces.

CENOTES: Depósitos subterráneos de agua; existen muchos en el estado de Yucatán.

MANGLARES: Grupos de árboles y otras plantas que crecen en las zonas pantanosas de algunas costas, y que toleran bien el agua salada del mar.

AGUA DULCE: Que no es salada.

SALINIDAD: Cantidad de sal que contiene el agua de mar.

Rana arborícola de ojos rojos

Agalychnis callidryas

[Tamaño real / escala 1:1]

Las ranas arborícolas de ojos rojos suelen medir unos 5 centímetros de largo. Tienen unos enormes y llamativos ojos rojos, que tal vez les sirven para ver mejor en la oscuridad, o como una estrategia para asustar a sus depredadores. Pueden encontrarse desde el sur de México hasta el sur de Panamá; viven en bosques lluviosos, sobre todo cerca de los ríos. Como su nombre lo indica, viven en los árboles; son excelentes trepadoras, y sus patas les permiten subir a las ramas y también sostenerse de la parte inferior de las hojas, que es donde descansan durante el día. También son buenas nadadoras. A diferencia de la mayor parte de las ranas, las hembras no depositan sus huevos en el agua, sino en el dorso de las hojas de plantas que crecen a la orilla de los ríos, de modo que, al salir del huevo, los renacuajos caen al agua, donde crecen hasta convertirse en ranas adultas. Se alimentan casi siempre de noche, y comen todo lo que les quepa en la boca, especialmente grillos, polillas y moscas. No están en peligro de extinción, pero sus hábitats están desapareciendo a gran velocidad.

DEPREDADORES: Animales que cazan a otros para alimentarse.

RENACUAJOS: Se llama así a las larvas de rana, que tienen cola y carecen de patas antes de su metamorfosis en ranas adultas.

EXTINCIÓN: Se llama así a la desaparición definitiva de una especie.

HÁBITAT: Lugar en el que vive un animal o una planta.

Tlacuache ratón
o tlacuatzin

[Tamaño real | escala 1:1]

Marmosa mexicana

Los tlacuaches ratón, o tlacuatzin, son los más pequeños que existen: miden apenas 15 centímetros de largo con todo y sus delgadas colas, que no tienen pelo y son prensiles. Tienen un pelaje largo y espeso de color canela, que mantienen siempre muy limpio y peinado. Viven en México y América Central. Pueden comer casi cualquier cosa: insectos, huevos, fruta o incluso basura humana; por eso pueden vivir casi en cualquier lugar. Se alimentan de noche, y durante el día duermen enrollados en su nido, que construyen en un arbusto o matorral. Son marsupiales, lo que quiere decir que sus crías nacen inmaduras, como gusanitos de apenas un centímetro de largo, y terminan su gestación en una bolsa especial, llamada marsupio, que sus mamás tienen en la barriga. Sin embargo, el tlacuache ratón es el único tlacuache sin marsupio, de modo que sus crías se aferran a sus pezones y se quedan ahí hasta que crecen lo suficiente como para trepar a su lomo. Allí pasan todavía unos meses, creciendo y aprendiendo a ser independientes. Son muy buenos trepadores pero no corren bien, de modo que son víctimas frecuentes de lechuzas, gatos y culebras. Cuando se encuentran en peligro se hacen los muertos, lo que suele desconcertar a sus depredadores; si no les queda remedio, pueden defenderse ferozmente con sus afilados dientes.

PRENSIL: Que sirve para asir o sostenerse.
PELAJE: Se llama así al pelo o la lana de un animal.
GESTACIÓN: Embarazo.

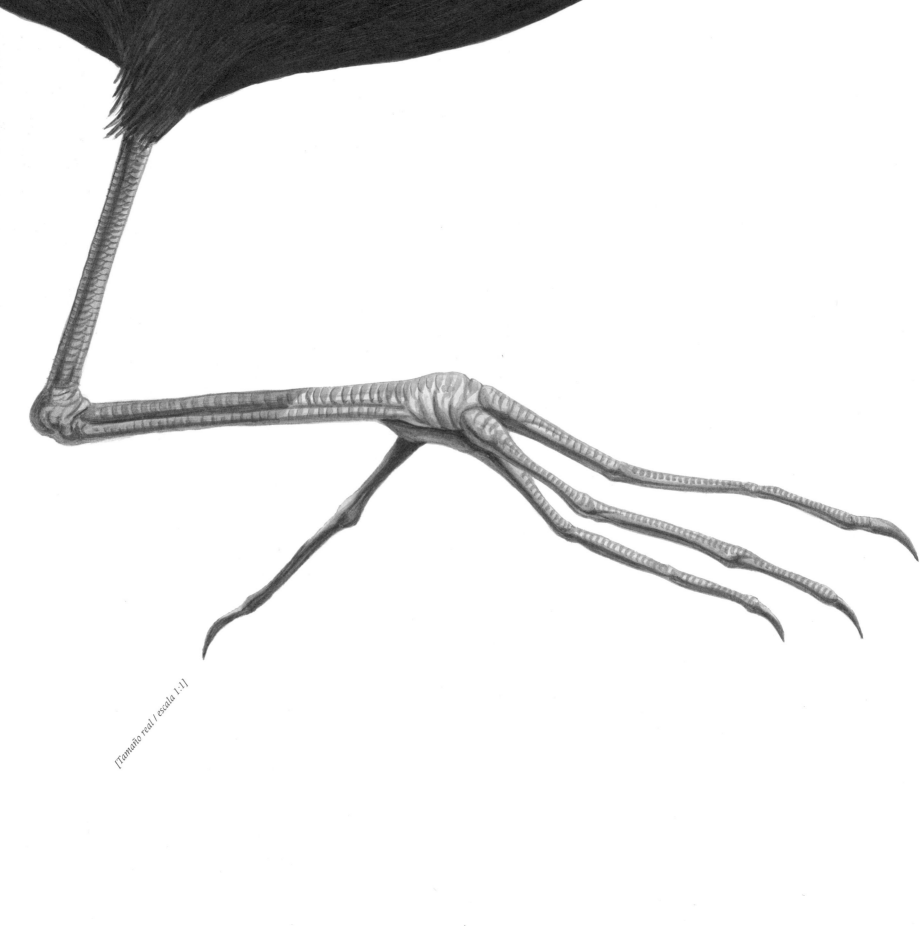

[Tamaño real / escala 1:1]

PANTANO: Se llama así a una hondonada donde se estancan las aguas,
y tiene el fondo cubierto de barro.
ESTERO: Es un terreno pantanoso que se llena de agua de lluvia o de la que
se filtra de un río o laguna cercano, y en el que crecen diversas plantas acuáticas.

Jacana del norte,
gallito de agua o cirujano

Jacana spinosa

Las jacanas del norte miden unos 20 centímetros de alto, y tienen patas con larguísimos dedos que les sirven para caminar sobre las plantas que flotan sobre los pantanos, esteros y ríos de agua dulce en los que viven. Tienen el cucrpo y las alas negros o castaño oscuro, una mancha amarillo brillante en el pecho y manchones verdosos bajo las alas. Viven desde el sur de Texas hasta Panamá, y en las principales islas del Caribe. Se alimentan de semillas, plantas y algunos animales acuáticos. Las hembras, que son un poco más grandes que los machos, tienen hasta cuatro parejas; aunque ellas ayudan a defender su territorio, casi no cuidan los cuatro huevos que ponen en cada nido. Los machos se encargan de construir el nido con hojas y ramas, de ahuyentar a los invasores, de empollar los huevos y de cuidar a las crías. Pueden nadar, aunque no lo hacen con frecuencia, y en ocasiones vuelan distancias no muy largas.

Murciélago vampiro
o vampiro común

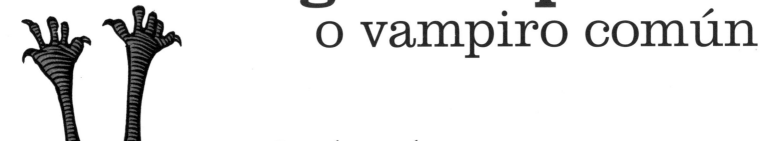

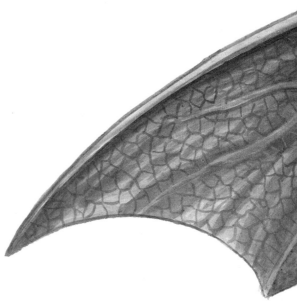

Desmodus rotundus

Los murciélagos vampiro pueden medir unos 35 centímetros de punta a punta de las alas. Como todos los murciélagos, son mamíferos. Tienen un hocico corto y achatado, y dientes muy filosos que les sirven para alimentarse, así como ojos grandes y un excelente olfato. Se encuentran en regiones de clima templado, desde México hasta Argentina y Chile. Suelen vivir en colonias de entre veinte y cien animales —aunque se han encontrado algunas mucho más grandes—, que establecen en cuevas, troncos huecos, pozos, minas y construcciones abandonadas. Son nocturnos; pueden volar de noche gracias a su excelente vista y a su sentido de ecolocación. Las hembras tienen una cría por año. Como su nombre lo indica, se alimentan de la sangre de otros animales, por lo general de ganado. A diferencia de otros murciélagos, los vampiros pueden caminar, correr y saltar sobre el suelo, y esto les sirve para acercarse a sus presas. Cuando las encuentran les hacen una incisión de unos 3 milímetros de largo en la piel y por ella chupan su sangre. Esta herida no suele causarle dolor a su víctima, aunque la pérdida de sangre puede debilitarla. Llegan a vivir hasta 12 años.

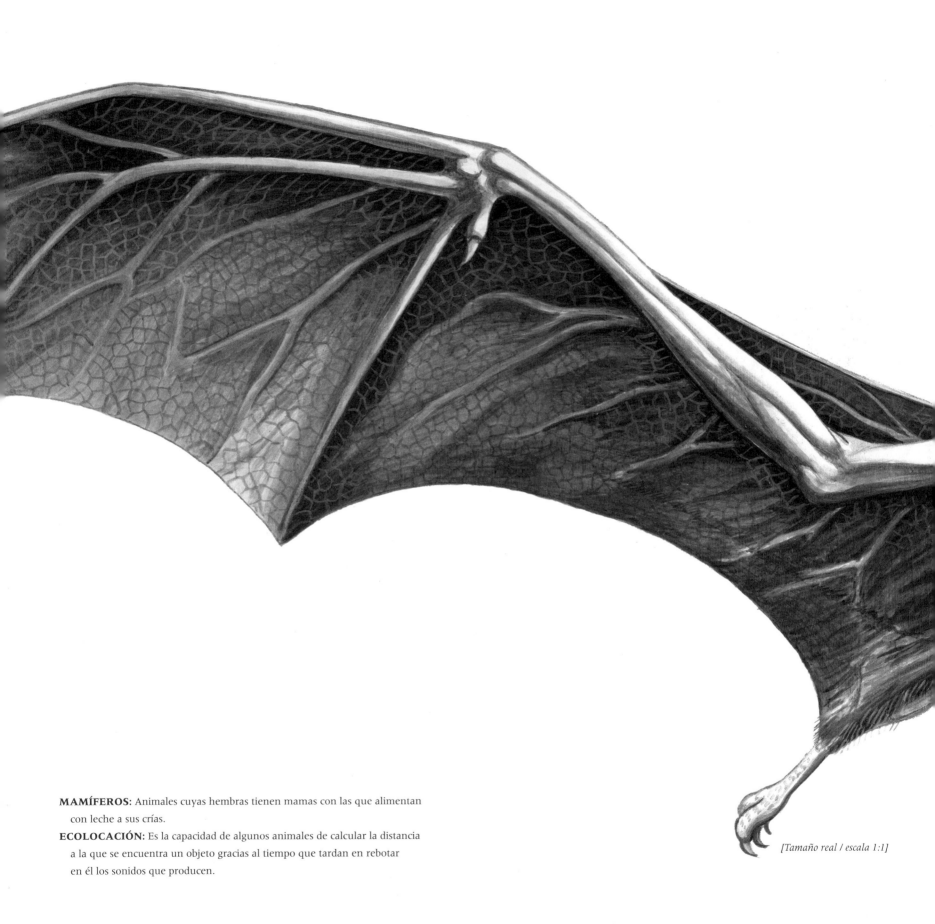

MAMÍFEROS: Animales cuyas hembras tienen mamas con las que alimentan con leche a sus crías.

ECOLOCACIÓN: Es la capacidad de algunos animales de calcular la distancia a la que se encuentra un objeto gracias al tiempo que tardan en rebotar en él los sonidos que producen.

[Tamaño real / escala 1:1]

Salamandra tigre

Ambystoma tigrinum

Las salamandras tigre son las salamandras terrestres más grandes del mundo: miden hasta 40 centímetros de largo. Tienen un cuerpo y una cola rechonchos, y su piel es de color negro, salpicada de manchas amarillas o verdosas. Pueden encontrarse desde el sur de Alaska hasta México, en zonas altas y templadas, bosques lluviosos, pastizales o pantanos, pero también en otras zonas donde haya estanques permanentes, incluso en las ciudades. Viven buena parte del año en madrigueras subterráneas, donde conservan la humedad que necesitan. Salen de noche, especialmente en las épocas de lluvia. Se alimentan de caracoles, insectos y babosas. Las hembras ponen los huevos fertilizados en pequeños estanques, donde eclosionan las larvas. Éstas permanecen en el agua durante algunos meses, mientras experimentan su metamorfosis al estado adulto, comiendo pequeños crustáceos, larvas de insectos, renacuajos, pececitos y en ocasiones incluso a otras de la misma especie. Algunas, sin embargo, no maduran nunca y permanecen en estado larvario durante toda su vida, aunque son capaces de reproducirse; en México se las llama ajolotes. Pueden vivir hasta 16 años en cautiverio.

[Tamaño real / escala 1:1]

PASTIZAL: Terreno en el que crece mucho pasto.

ECLOSIONAR: Salir del huevo.

CRUSTÁCEO: Familia de animales a la que pertenecen las langostas, los camarones y los cangrejos, entre otros.

Tortuga verde
o tortuga del Pacífico

Chelonia mydas agassizii

Las tortugas del Pacífico, a veces conocidas como tortugas negras, son una de las especies de tortuga más grandes que existen: miden entre 70 y 150 centímetros de largo, y pueden llegar a pesar hasta 200 kilos. Al igual que las otras tortugas marinas, no pueden esconder la cabeza dentro del caparazón. Tienen una cola larga, y patas en forma de remo que las hacen buenas nadadoras. Viven en el océano Pacífico, y es común verlas desde la península de Baja California hasta el sur de Perú. Los adultos son herbívoros: comen algas y otras plantas que crecen en aguas poco profundas; las más jóvenes también comen medusas, cangrejos, esponjas, caracoles y gusanos. Las tortugas hembra regresan a la playa en la que nacieron a depositar, en un hoyo que cavan en la arena, entre 100 y 200 huevos casi esféricos. Cuando las tortuguitas salen del huevo ya son totalmente independientes; de inmediato entran al agua y pasan allí el resto de su vida, que puede durar hasta 100 años, aunque pocas llegan a esa edad porque tienen muchos depredadores, incluido el hombre, que las caza por su carne y come sus huevos. Actualmente están en peligro de extinción.

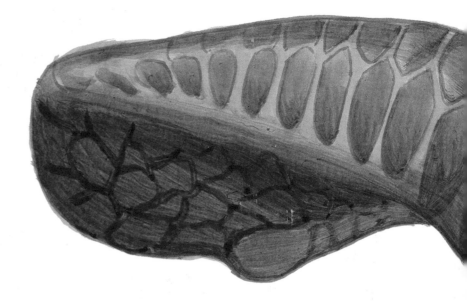

CAPARAZÓN: Capa rígida que recubre parte del cuerpo de algunos animales, como las tortugas y los insectos.

HERBÍVORO: Se llama así a los animales que se alimentan casi exclusivamente de plantas.

[Tamaño real | escala 1:1]

Pelícano café

Pelecanus occidentalis

Los pelícanos café llegan a medir hasta 140 centímetros con las alas extendidas, pero sólo pesan unos 4 kilos. Tienen largos picos de hasta 45 centímetros, de los que cuelga una gran bolsa de piel suelta que puede contener hasta 12 litros de agua y pescado. Las patas son palmeadas, es decir, tienen pliegues de piel entre cada dedo, y les sirven para impulsarse cuando flotan sobre el agua. Viven en las zonas costeras del Atlántico y el Pacífico, desde Estados Unidos hasta América del Sur. Se alimentan de diversos tipos de pescado y algunos crustáceos, que atrapan zambulléndose en el mar desde alturas de hasta diez metros. Viven todo el año en grupos de varios individuos. Son excelentes voladores gracias a los sacos de aire que tienen bajo la piel y en los huesos. Cuando vuelan echan la cabeza hacia atrás, lo que les da un aspecto muy curioso. Los machos construyen nidos sobre los árboles o en el suelo, donde las hembras depositan dos o tres huevos. Los jóvenes pelícanos nacen al cabo de un mes, pero no abandonan el nido hasta que están listos para volar, dos o tres meses más tarde; ambos padres los alimentan con pescado regurgitado. Pueden vivir hasta 30 años.

REGURGITAR: Expulsar por la boca sustancias sólidas o líquidas no digeridas que se encuentran en el estómago o en el esófago.

Iguana verde

Iguana iguana

Los machos adultos de iguana verde llegan a medir hasta dos metros. Las hembras y los jóvenes son verde brillante, pero el color puede cambiar según la temperatura, su posición dentro del grupo o hasta su humor. Los machos son los que más variaciones de color presentan; pueden ir desde un verde grisáceo hasta un intenso color naranja. Los adultos tienen una cresta en la espalda, que es más grande en los machos, una papada que les ayuda a dispersar el calor y mantener la temperatura, y dedos con grandes garras que les sirven para trepar árboles. Las iguanas verdes viven desde México hasta América del Sur, y también en el Caribe. Les gusta estar cerca de ríos, lagos y manglares, pero pueden vivir en lugares áridos si tienen suficiente comida. Los adultos son herbívoros, pero los más jóvenes se alimentan principalmente de insectos. Forman grupos de varios individuos, y los machos son muy territoriales. Viven en los árboles o en el suelo, y además son excelentes nadadoras, lo que les sirve para escapar de sus depredadores. Las hembras depositan los huevos en nidos excavados en el suelo; las pequeñas iguanas nacen después de tres o cuatro meses de incubación. Se cree que pueden vivir unos 10 años en estado silvestre. Están desapareciendo rápidamente a causa de la caza excesiva, pues se comen su carne y sus huevos, y su piel se usa para hacer bolsas y zapatos.

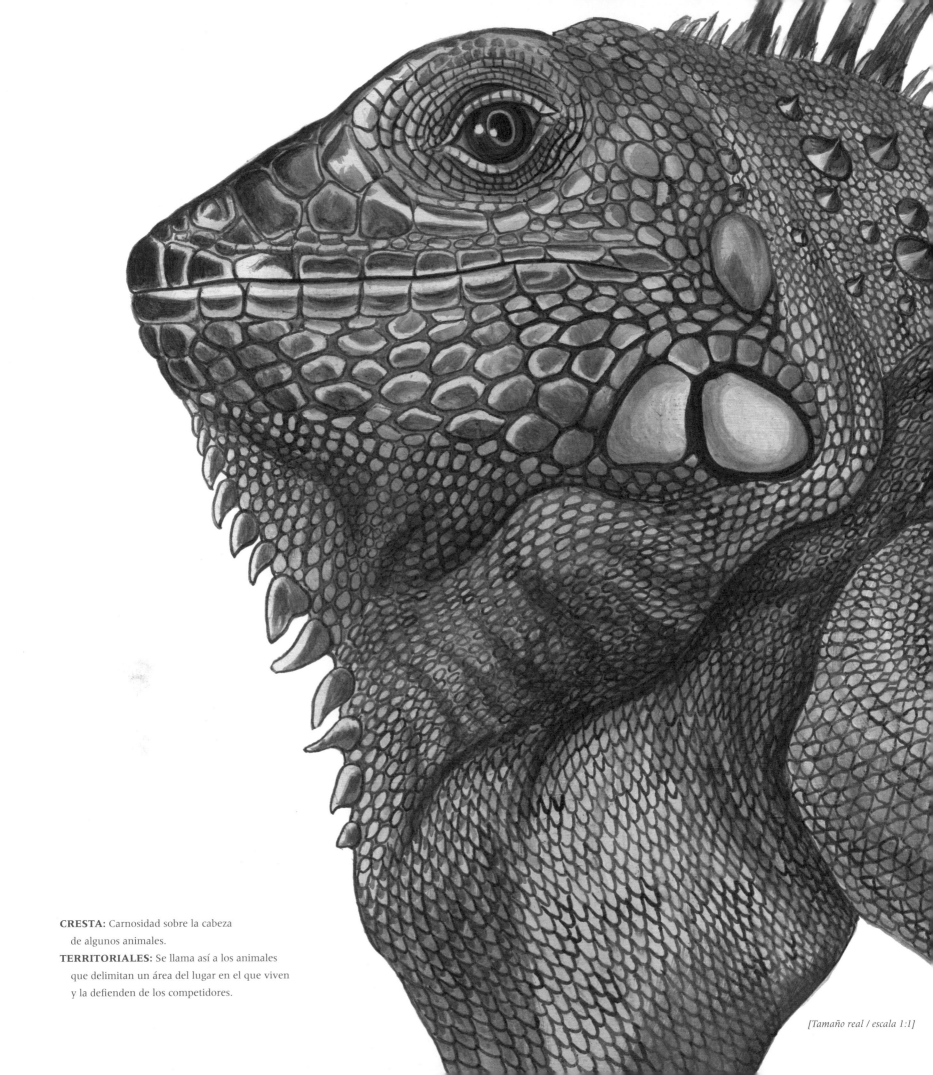

CRESTA: Carnosidad sobre la cabeza
de algunos animales.

TERRITORIALES: Se llama así a los animales
que delimitan un área del lugar en el que viven
y la defienden de los competidores.

[Tamaño real / escala 1:1]

Tapir
común

Tapirus bairdii

Los tapires, los únicos paquidermos de América, pueden medir hasta dos metros de largo y un metro de alto, y pesar hasta 300 kilos. Son de color negro o café oscuro, y tienen un hocico largo parecido a una trompa, orejas pequeñas y cola corta; tienen tres dedos en las patas traseras y cuatro en las delanteras. Viven en selvas, bosques y pantanos, desde Veracruz y Oaxaca, en México, hasta el norte de Colombia y el noreste de Ecuador, así como en toda la cuenca del Amazonas. Comen plantas acuáticas, brotes, flores, frutas, corteza y semillas. Les gusta mucho descansar en los charcos de lodo y en la sombra. Si bien su vista no es muy buena, tienen un olfato y un oído muy agudos y son excelentes nadadores y buzos. Después de 13 meses de gestación las mamás tapires tienen una sola cría, que al principio es rojiza con rayas y puntos blancos. Actualmente están en peligro de extinción a causa de la destrucción de su hábitat y de la caza excesiva.

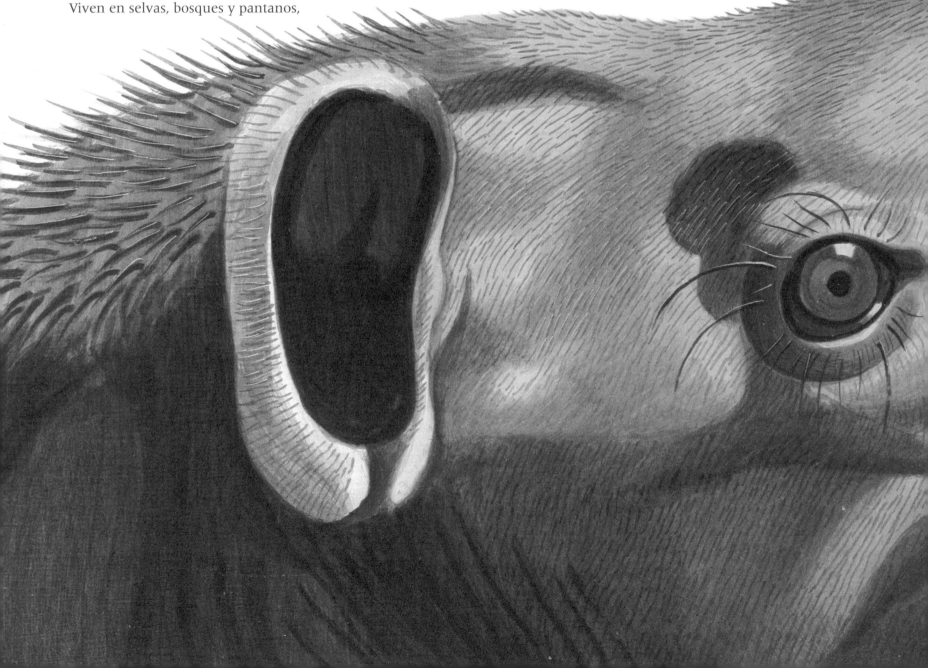

[Tamaño real / escala 1:1]

PAQUIDERMOS: Grupo de animales en el que se encuentran el elefante, el rinoceronte y el hipopótamo.

29

Boa constrictor
o mazacuata

Boa constrictor

Las boas constrictor crecen durante toda su vida, y las más viejas llegan a medir hasta cuatro metros. Viven desde el norte de México hasta Argentina, en desiertos, bosques, pastizales, manglares y campos, tanto en el suelo como en los árboles. Como todas las serpientes, son de sangre fría. Son solitarias y salen a cazar de noche. Las hembras son ovíparas, es decir, incuban los huevos dentro de su cuerpo y dan a luz entre 20 y 60 crías vivas durante la temporada de lluvias. Cazan ratas, tlacuaches, pájaros, reptiles y murciélagos, con ayuda de su excelente olfato y de escamas especiales sensibles al calor. No son venenosas: para matar a sus presas las envuelven con su cuerpo y las sofocan, y luego las engullen completas, empezando por la cabeza; para hacerlo pueden separar ambas mandíbulas, que están unidas por ligamentos muy elásticos. No mastican la comida sino que la digieren con los poderosos jugos gástricos de su estómago; después de devorar a un animal grande pueden pasar una semana o más sin moverse mucho y sin comer. Son mascotas muy populares; en algunas zonas las conservan en las casas para que coman ratas y ratones. Pueden vivir hasta 30 años. Los humanos las cazan por su piel, para evitar que ataquen a las aves de corral o a las crías del ganado, o simplemente por miedo; esto ha provocado que en ciertas zonas estén en peligro de extinción.

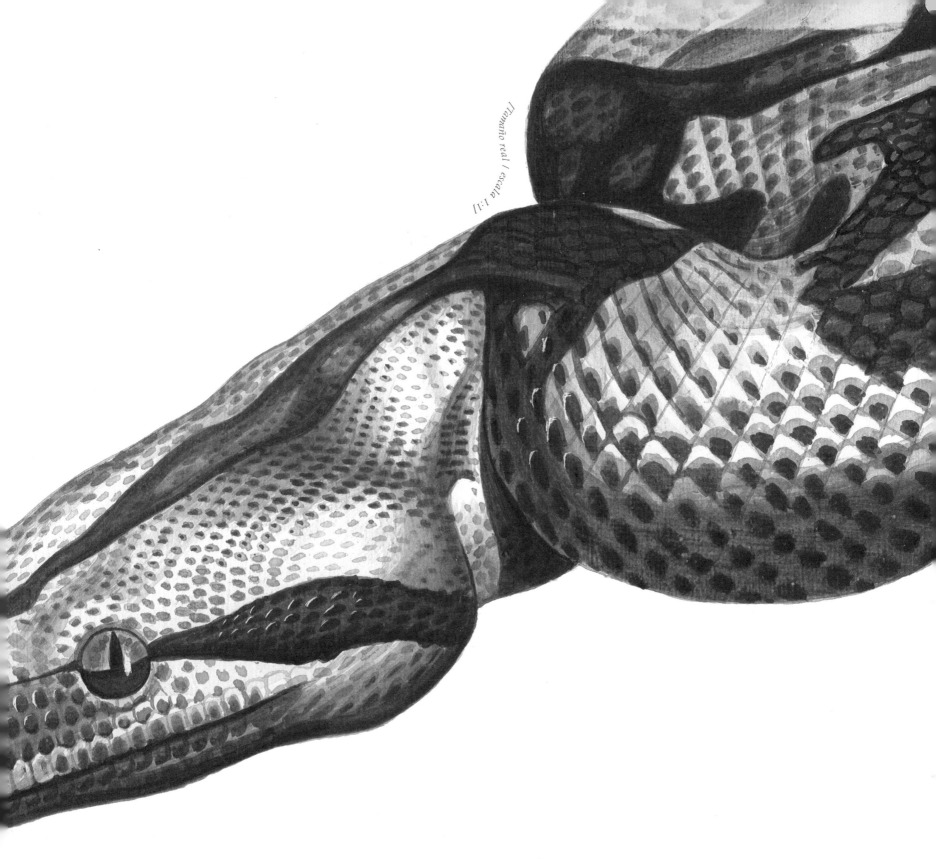

SANGRE FRÍA: Se llama así a los animales cuya temperatura corporal no es constante y puede cambiar según las condiciones del exterior o su nivel de actividad.

SOFOCAR: Impedir la respiración.

ENGULLIR: Tragar la comida sin masticarla.

LIGAMENTOS: Tejidos muy resistentes que unen los huesos de las articulaciones.

JUGOS GÁSTRICOS: Sustancias que se encuentran en el estómago y que ayudan a disolver la comida.

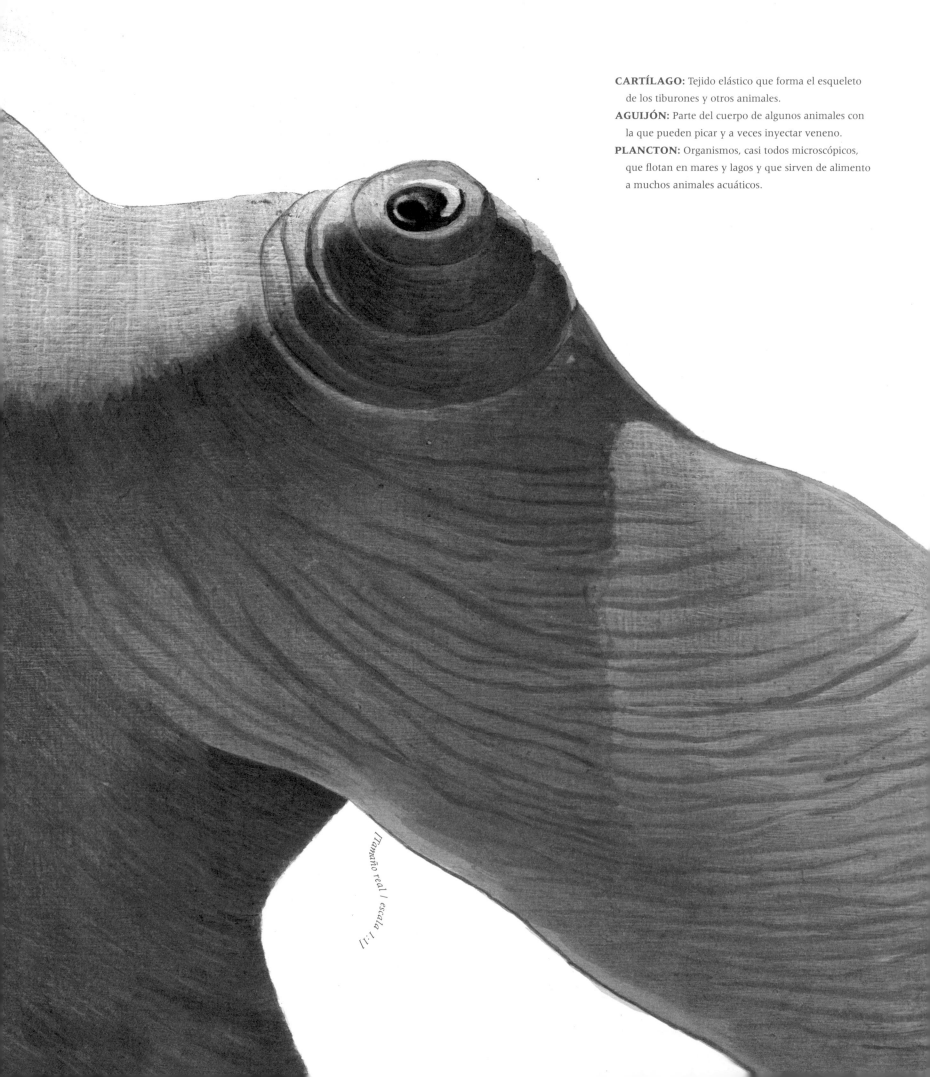

CARTÍLAGO: Tejido elástico que forma el esqueleto de los tiburones y otros animales.

AGUIJÓN: Parte del cuerpo de algunos animales con la que pueden picar y a veces inyectar veneno.

PLANCTON: Organismos, casi todos microscópicos, que flotan en mares y lagos y que sirven de alimento a muchos animales acuáticos.

[Tamaño real / escala 1:1]

Mantarraya gigante

Manta birostris

Las mantarrayas gigantes hembra pueden llegar a medir hasta 9 metros de punta a punta de sus largas aletas. Son excelentes nadadoras, y dan la impresión de volar bajo el agua. Tienen dos protuberancias carnosas junto a la cabeza, que los antiguos marinos confundían con cuernos, y una cola delgada y sin aguijón. Su esqueleto está hecho de cartílago. La piel de estos parientes del tiburón es rugosa, pues está cubierta por pequeñísimas escamas que les permiten deslizarse muy bien en el agua. Viven en aguas tropicales y templadas de todo el mundo. En México se encuentran cerca de las costas del Pacífico y del Atlántico; pueden hallarse en la superficie o a profundidades de hasta 120 metros. Las hembras no depositan los huevos, sino que los mantienen dentro de su cuerpo; después de 13 meses de gestación dan a luz a una o dos crías, que miden más de un metro y son independientes casi de inmediato. Por su tamaño y la dureza de su piel no tienen muchos depredadores, excepto algunos tiburones grandes. Se alimentan filtrando agua para atrapar plancton, y también comen pequeños peces y calamares. Son muy curiosas: con mucha frecuencia se acercan a los buzos que nadan cerca de ellas. Pueden vivir hasta 20 años.

Ballena jorobada o yubarta

Megaptera novaeangliae

Las ballenas jorobadas hembra, que son más grandes que los machos, pueden llegar a medir hasta 19 metros de largo. Tienen largas aletas, que a veces alcanzan hasta un tercio de su longitud total, una aleta triangular en forma de joroba en la espalda, y nudos carnosos en la mandíbula inferior. Viven en todos los océanos y son muy acrobáticas: les gusta saltar fuera del agua y dar fuertes coletazos. Emiten prolongados sonidos o cantos, diferentes en cada grupo,

que pueden oírse desde fuera del agua. Se alimentan de plancton, plantas y animales de aguas poco profundas y de peces que nadan en cardúmenes. Las hembras tienen crías más o menos cada dos años, después de un periodo de gestación de 11 meses. Al nacer las crías miden cuatro o cinco metros, y sus madres las amamantan durante cinco meses. En primavera, verano y otoño viven en aguas más frías, al norte del planeta, donde se alimentan.

Cuando llega el invierno migran a aguas tropicales y menos profundas para dar a luz a sus crías. Pueden nadar a una velocidad de hasta 27 km por hora, y sumergirse a seis o siete metros de profundidad durante casi veinte minutos. Fueron una de las especies más cazadas por los balleneros, y aunque actualmente está prohibido cazarlas su número es bastante reducido y están en peligro de extinción. Pueden vivir hasta 50 años.

CARDUMEN: Conjunto de peces que nadan juntos.
AMAMANTAR: Dar de mamar las hembras a sus crías.
MIGRAR: Cambiar un animal el lugar en el que vive.

[Tamaño real / escala 1:1]

Las imágenes de este libro fueron realizadas con dos técnicas diferentes: **plancha perdida y temple**. El temple, que es el abuelito de la pintura al óleo, se hace mezclando yema de huevo, agua y pigmentos, que luego se aplican en capas delgadas sobre una superficie de yeso. Es muy difícil de usar porque la superficie de la pintura es muy delicada y se raya fácilmente. Los grabados fueron elaborados en plancha perdida, que inventó el famoso pintor Pablo Picasso. Para hacerla se utiliza una plancha de linóleo. Primero se graba el color más claro y se imprime un juego de copias, y luego, sobre la misma plancha, colores cada vez más oscuros. Así, al terminar, la plancha sólo conserva el grabado que corresponde al color más oscuro, y no pueden imprimirse nuevas copias.

En la imagen puedes ver las diferentes etapas de esta técnica.

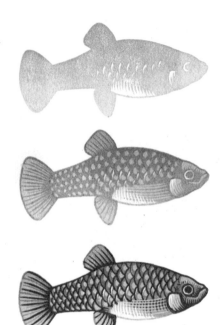

Animalitos. Animalotes. Se terminó de imprimir en febrero de 2007 en los talleres de Editorial Impresora Apolo Centeno 162, colonia Granjas Esmeralda, México, D.F., 09810 El tiraje fue de 2 000 ejemplares.